LETTRE

SUR

LA CONVERSION DE LA RENTE

CINQ POUR CENT EN QUATRE POUR CENT.

[illegible]

[illegible]

[illegible]

[illegible]

LETTRE

SUR LA

CONVERSION DE LA RENTE

CINQ POUR CENT EN QUATRE POUR CENT;

ADRESSÉE

A MONSIEUR HUMANN,

MINISTRE SECRÉTAIRE D'ÉTAT AU DÉPARTEMENT DES FINANCES;

PAR

MICHEL GOUDCHAUX,

PAYEUR DU DÉPARTEMENT DU BAS-RHIN.

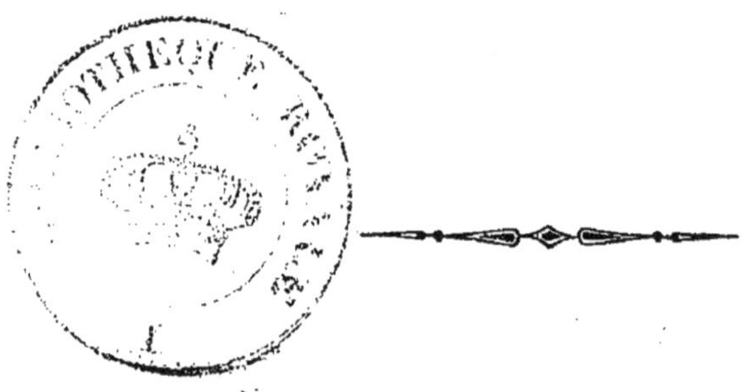

STRASBOURG,

De l'imprimerie de F. G. LEVRAULT, rue des Juifs n.º 33.

1834.

A M. le Ministre Secrétaire d'État au département des finances.

Monsieur le Ministre,

Lorsqu'à votre entrée au ministère vous avez formé le projet d'opérer la réduction de la rente 5 p. %, l'annonce que vous en fîtes à la Chambre élective fut accueillie avec joie par tous ceux qui désirent la prospérité de la France. Mais la session s'est passée; une nouvelle a eu lieu, celle-ci est déjà avancée, et la proposition de cette importante mesure financière se fait encore attendre.

Je ne puis croire que vous y ayez renoncé; mais les motifs qui vous l'ont fait différer, tournant à l'avantage exclusif des capitalistes et des agioteurs, ne devraient plus vous arrêter un seul instant.

La Chambre entière sentira sans doute tout ce que la réduction du taux de la rente offre d'avantageux pour l'État; mais la loi qui vous imposera ce devoir, offrant dans son exécution des difficultés qu'il n'est pas donné à tout le monde de pressentir et que vous devrez seul surmonter, cette loi doit être proposée par vous, Monsieur le Ministre, dès que vous serez fixé sur les moyens de l'exécuter. Dans une question de cette nature, la Chambre ne pourrait prendre l'initiative qu'autant qu'elle serait sûre de ne point rencontrer d'opposition de votre part.

La réduction de la rente est une de ces questions complexes et fécondes en considérations du plus haut intérêt. Comme la plupart de celles qui touchent au système financier, elle se dérobe à l'investigation du plus grand nombre, parce qu'on n'a pas daigné la mettre à sa portée. Cette lettre devant être livrée à la publicité, je tâcherai de jeter le plus de clarté possible sur la matière qui nous occupe.

J'examinerai successivement la possibilité et le mode d'exécuter la conversion de la rente, les avantages qui en résulteront, le principe d'équité qui caractérise cette mesure financière, son opportunité, et l'heureuse influence qu'elle doit avoir sur notre position sociale et politique.

La conversion de la rente 5 p. % en 4 p. % est urgente; elle est possible, puisque le taux *vrai, libre* de l'argent en France est au-dessous de 4 p. %. Nous en trouvons la preuve irréfragable dans différentes circonstances et faits, dont la valeur ne saurait être contestée, et dont voici les principaux.

Les énormes capitaux gissant dans les caves de la Banque de France sans emploi à 4 p. %.

Cet établissement obligé de baisser le taux de ses escomptes.

Les valeurs de banque qui se négocient à Paris au-dessous du taux de 4 p. %.

Les capitaux que refusent de toutes parts les banquiers à 4 et même à 3 p. %.

La rente 3 p. % à 77 et 78.[1]

Le placement de bons royaux à 2, 2 ½, 3 et 4 p. % au plus.

Les placemens sur première hypothèque, qui se font, dans presque toute la France, à 4 p. % et au-dessous.

---

[1] Si le 5 p. % rapporte plus de 4 p. %, c'est que le remboursement dont il est menacé depuis long-temps comprime son essor.

Le produit des terres, qui, dans la plus grande partie de la France, équivaut à peine à 2 ou 2 ½ p. %.

L'industrie, à la vérité, ne jouit pas complétement de ce prix avantageux de l'argent; mais cette exception est due en partie aux secousses violentes qui naguères l'ont ébranlée, et en partie à la trop lente circulation de l'argent, entravée par les priviléges accordés à la banque de Paris; priviléges qui privent les provinces les plus manufacturières de banques départementales et obligent les industriels à aller au loin et à grands frais chercher les capitaux nécessaires à leurs travaux.

On pourrait faire en ce moment deux objections contre la possibilité de la conversion.

La première, que, les capitaux français seuls n'absorbant pas toute notre rente, la conversion nous priverait des capitaux étrangers qui y sont employés. Cette crainse est chimérique, par la raison que le taux de 4 p. % dépasse encore le taux de l'intérêt des fonds publics dans les États qui présentent des garanties de stabilité.

La seconde objection est que, le Gouvernement pouvant être dans le cas de contracter sous peu un emprunt de 200 millions de francs, le moment pour la conversion ne serait pas propice. Cette objection n'est pas plus fondée que la première; car les 200 millions que le Gouvernement aurait à se procurer par un emprunt, ne sont pas destinés à être portés à l'étranger; une portion de ces 200 millions est déjà en ses mains par la dette flottante, et chacun sait que les capitaux ne se casent en grande partie dans la dette flottante que pour attendre un placement définitif : on peut donc dire avec certitude que les fonds sont faits à l'avance pour cet emprunt de 200 millions, qui ne contrariera en rien la mesure que je propose, pas plus que cette mesure ne contrariera l'emprunt.

Cet emprunt n'aura d'ailleurs aucune influence sur le taux de l'argent, puisque les fonds qui en proviendront resteront dans le pays.

Je crois avoir surabondamment prouvé par des faits irré-cusables que le taux *vrai* de l'argent en France n'est pas au-dessus de 4 p. %, et cette *vérité* doit être bien grande, puisqu'elle s'est fait jour et s'est établie à côté d'un capital énorme de plus de 3 ½ milliards, dont l'État paie 5 p. %.

La réduction admise, convertira-t-on en 3 ou en 4 p. % ?

Si le taux de l'argent en France était 3 p. %, et si l'on pouvait conséquemment espérer négocier le 3 p. % à 100 ou à peu près, il est évident qu'il faudrait convertir en 3 p. %, puisque l'on économiserait par an les ⅖ de 175,411,557 francs[1], soit 70,164,622.80, au lieu de 35,082,311.40, que l'on obtiendrait en convertissant en 4 p. %; mais il n'en est rien, et le 3 p. % négocié à 75, taux auquel on pourrait en effectuer le placement au-jourd'hui, coûterait à l'État 4 p. % d'intérêt par an, comme le 4 p. % négocié à 100. Et de plus, l'État aurait, dans un temps plus ou moins reculé, à rembourser 25 p. % qu'il n'aurait pas reçus, c'est-à-dire 877,057,785 francs.

Je dis donc que ce serait une très-grande faute que de con-vertir en 3 p. %.

Je sais, Monsieur le Ministre, que les spéculateurs cher-cheront à vous prouver qu'il faut convertir en 3 p. % à 75 plutôt qu'en 4 p. % à 100; que cette dernière conversion ne sera pas possible. Mais c'est à vous, Monsieur le Ministre, à diriger cette importante opération, et, après avoir reconnu plus utile à l'État la conversion en 4 p. %, à l'opérer malgré les cris et les oppositions des joueurs, seuls intéressés à la conversion en 3 p. % à 75. Non-seulement la conversion en 4 p. % sera plus profitable à l'État, mais elle le sera encore à la morale, en ce qu'elle n'offrira pas un nouvel aliment au funeste jeu, qu'il ne faut pas confondre avec les placemens en rentes, ni même avec les spéculations raisonnables; jeu

---

1 Ce chiffre sera expliqué à la page 9.

qui ne profite qu'à quelques individus et qui est sans utilité même pour le taux de la rente.

Je m'abstiens à dessein, dans cette lettre, de faire connaître le simple mécanisme par lequel s'opérerait sans peine, sans froissement, la conversion que je réclame ; c'est là une affaire d'intérieur, une affaire d'administration, à laquelle les Chambres, pas plus que le public, n'ont aucune part à prendre : vous comprendrez facilement ma réserve à cet égard. Je ne vous en entretiens pas non plus en particulier, parce que vos connaissances financières rendent une semblable communication superflue.

S'il m'a fallu entrer dans quelques détails pour démontrer la possibilité de la conversion de la rente 5 p. % en 4 p. %, je pourrai être court pour établir les avantages de cette mesure.

En 1832 [1] l'État avait à payer pour intérêts du 5 p. % 175,411,557 francs. Si l'on éteint cette dette pour la remplacer par une autre à 4 p. %, il en résultera une économie d'un cinquième, soit 35,082,311 francs 40 centimes par an. L'économie se démontre donc d'elle-même ; de plus, personne ne pourra la critiquer, puisqu'elle s'opérera sans apporter la moindre perturbation dans aucun service.

L'économie ne sera pas le seul avantage que l'on retirera de la conversion, elle en procurera de très-grands à l'industrie par la baisse du prix de l'argent qui en sera la conséquence, et aussi à l'agriculture, si l'économie en résultant reçoit la destination que j'indiquerai plus loin. [2]

Mais il ne suffit pas que la réduction soit avantageuse, il faut aussi qu'elle soit équitable : examinons-la donc sous ce point de vue.

La première proposition de la réduction de la rente 5 p. %

---

1 Les comptes de 1833 ne sont pas encore publiés et ne peuvent pas l'être.

2 Voir à la page 13.

fut faite en 1825 à la Chambre des députés par M. de Villèle. La restauration, en proposant une loi que je démontrerai être *progressive*, semblait manquer à son essence, à son instinct ; mais il lui fallait son milliard pour l'émigration, soit une rente perpétuelle de 30 millions, et elle eut la pudeur de ne demander cette nouvelle charge qu'en proposant en même temps une économie égale par la réduction du 5 p. %.

Chacun sait ce qui advint, le milliard fut voté et la réduction rejetée. Le ministre se consola sans peine d'un échec qui n'était autre chose qu'une victoire dépassant toutes ses espérances, et le pays supporta ce nouveau fardeau en murmurant, il est vrai ; mais peu importait, puisqu'il paya.

Qui ne se rappelle aussi ce qui fut avancé alors contre la réduction de la rente 5 p. % ; tout conspirait pour faire échouer cette mesure. L'opposition la combattit, croyant par là empêcher le vote du milliard destiné à l'émigration ; les rentiers, en nombre dans la Chambre, ne se firent pas faute non plus d'attaquer la conversion par des épithètes et des qualifications honteuses. Mais les discussions approfondies de cette époque, et le temps aussi, ont fait justice de ces attaques, et personne aujourd'hui n'osera plus contester à la nation le droit naturel et légal qu'a toujours chacun de ses membres, de se procurer pour ses besoins de l'argent au plus bas prix possible, et de rembourser Pierre avec les écus de Paul.

Il a donc été reconnu que le *pays* peut, comme tout particulier, se libérer de telle dette, en contracter telle autre moins onéreuse, et qu'il n'est pas tenu à rester perpétuellement sous le poids d'engagemens qui seuls, dans l'humanité, offriraient l'exemple insolite d'éternité ; position monstrueuse, que réprouvent à la fois et la raison et les lois tant anciennes que modernes.

L'on voit que la question de moralité et de droit est depuis long-temps résolue. Si je me suis appesanti sur ce point, c'est qu'il domine la question d'équité dont j'ai à m'occuper en ce moment.

La nation française, c'est-à-dire l'agglomération de 32 millions d'individus, dont quelques-uns très-opulens, un plus grand nombre dans l'aisance, et une immense majorité vivant péniblement et dans le malaise; cette nation, dis-je, s'est trouvée un jour obérée. Pour la libérer, les plus riches ne sont pas venus déposer dans les caisses publiques quelque peu de leurs trésors superflus. Des emprunts ont donc été contractés, et *tous* en doivent demeurer solidaires.

Qui a contracté ces emprunts et l'obligation d'en payer les intérêts ? La nation.

Qui a prêté? Les plus riches parmi les membres de la nation.

Quelles ont été les conditions de la part des prêteurs ? Aussi dures que les temps le permirent : ainsi l'on prêta 60, 80, 100 francs, pour obtenir pendant de longues années un intérêt de 8 $\frac{1}{3}$, 6 $\frac{1}{4}$, et 5 p.%, et un accroissement énorme de capital au jour du remboursement. Et aujourd'hui, que l'argent ne vaut plus que 4 p. %, l'on voudrait interdire à la nation de s'exonérer; on voudrait par des prétextes, des embarras que l'on fait naître ou que l'on feint de redouter, l'empêcher de réduire une majeure partie de sa dette d'un cinquième, en remboursant ce qu'elle doit à 5 p. % par un emprunt à 4 p. %! Quoi, après avoir, pendant de longues années, joui d'un intérêt de 8 $\frac{1}{3}$ à 5 p. %, on refuserait de recevoir 100 pour 60, 80 et 100 francs au plus que l'on a prêtés!

Et qui donc refuserait ce remboursement? Les plus riches, ceux mêmes qui ont profité de la malheureuse position de la nation en tirant un haut intérêt de leurs capitaux pendant une suite d'années non interrompue!

Et quels seraient ces riches qui, pour se soustraire au remboursement, refuseraient à l'État le droit de se libérer, quand il le peut avec avantage pour lui et sans porter dommage à ses créanciers? Ce ne peuvent être les élus de cette nation si scrupuleuse à remplir ses engagemens. Aussi n'avons-nous pas à redouter un refus, qui serait inique.

Les Chambres, amies de leur pays, jalouses d'accomplir

leur mandat avec conscience, voteront la loi de la conversion, puisque l'équité leur en est démontrée.

Une partie du 5 p. % a été créée, je le sais, à une époque malheureuse, où l'État fut contraint de faire supporter à ses créanciers une perte des 2/3 de leurs créances ; il leur donna un titre qui fut appelé *tiers consolidé*. Cette dénomination indiquait, que plus qu'aucun autre, ce titre devait être respecté ; mais elle ne pouvait être un obstacle à un remboursement qui ne put être stipulé, parce que sans doute il ne parut réalisable que dans un avenir très-éloigné. Les conditions qui ont présidé à la création de cette partie du 5 p. % ont été scrupuleusement remplies jusqu'à présent par le paiement ponctuel des intérêts ; elles ne seront nullement violées par le remboursement du capital. On sait aussi que ce papier a changé de propriétaires et a été acquis à un prix souvent très-vil. Rien donc ici encore ne blesse l'équité que j'ai invoquée à l'appui de la conversion.

Pas plus que l'équité, l'opportunité de cette mesure ne saurait être contestée.

Le chef d'une famille ne perd pas une seule occasion d'en améliorer le sort. S'il trouve le moyen de diminuer le fardeau qu'il supporte et fait supporter aux siens, il n'en remet pas l'exécution au lendemain.

Les chefs d'un État, c'est-à-dire de la réunion d'une multitude de familles, ne doivent pas agir différemment.

En 1825, la conversion était possible ; si elle avait été opérée, l'État aurait gagné près de 400 millions jusqu'aujourd'hui, sans parler de l'économie qu'il aurait faite dans les emprunts qu'il a contractés depuis 1825, et qui se seraient effectués à des conditions meilleures pour lui. C'est donc un tort grave qui a été fait au pays.

Ne revenons pas sur le passé, mais reconnaissons qu'en prolongeant ce tort, on se rend coupable envers l'État ; chaque année de retard fait peser inutilement sur la nation une charge énorme. Et qui pourrait nous garantir d'ailleurs que dans une année la réduction sera aussi facile et aussi avantageuse qu'elle le serait aujourd'hui? Peut-être plus tard deviendrait-elle inopportune et même inexécutable.

Il me reste à démontrer que la loi que je réclame aura une heureuse influence sur notre position sociale et politique.

Personne aujourd'hui n'oserait élever la voix pour soutenir que le monde doit rester stationnaire; sa marche progressive doit nous conduire vers un avenir toujours meilleur. C'est par des lois qui contribuent efficacement au bien-être matériel du peuple que l'on peut le plus puissamment concourir aux progrès d'une civilisation bien entendue. Aussi j'appellerai loi *progressive* une loi dont les résultats contribueraient à atteindre un progrès que nous souhaitons tous, le mieux-être matériel de l'immense majorité de la nation.

Que l'économie résultant de la réduction de la rente soit appliquée à la suppression de l'impôt sur le sel, chaque membre de la grande famille en profitera, et cette loi sera un véritable progrès dans le sens de la révolution de Juillet.

Faite par le peuple, cette révolution devait tourner à son avantage; on le lui promit solennellement à une époque où il avait droit de tout exiger et où il se montra si peu exigeant. Bientôt quatre années se seront écoulées depuis cette promesse, et nous sommes dans la triste nécessité de reconnaître que rien n'a été fait pour améliorer l'existence matérielle de ce peuple. Hâtez-vous donc de saisir cette occasion pour lui offrir une première conséquence de la révolution de Juillet.

En entrant franchement dans cette voie, qui seule peut conduire aujourd'hui au bonheur de la nation et à la consolidation du trône que nous avons élevé, vous pourrez, Monsieur le Ministre, dire à vos collègues : Arrière avec ces lois de terreur en opposition avec l'époque, déjà nos codes renferment des rigueurs devenues sans objet; il ne faut ni lois exceptionnelles, ni force armée pour maintenir un peuple dont on sait satisfaire les besoins.

Tel serait le langage vraiment digne de cónseillers d'un Roi élu par le peuple. Alors les masses, heureuses du mieux-être que vous leur donnerez et non moins heureuses de celui qu'elles pourront espérer encore, ne tarderont pas à devenir calmes; alors aussi disparaîtra cet état pénible, cet état d'incrédulité dans un avenir meilleur, qui s'est emparé de la majeure partie de la nation; alors, enfin, cessera cette jalousie, cette méfiance entre les individus qui, en aucun temps, ne pourront avoir un sort égal.

Oui, la conversion de la rente et la suppression de l'impôt sur le sel, sont les lois les plus populaires, les plus urgentes à accorder. Il importe que le Gouvernement les donne et ne se les laisse pas arracher. Ces lois seraient reçues avec enthousiasme. En donnant de la force à la monarchie sortie des barricades, elles en assureraient la durée. Oui, c'est par de telles lois, et ce n'est que par elles que l'on parviendra à fonder un avenir à la fois tranquille et prospère, si désirable pour tous.

Délivrée alors de toute crainte à l'intérieur, le Gouvernement n'aura besoin de l'armée que pour imposer aux ennemis du dehors, et pourra considérablement la réduire après s'être assuré une paix honorable.

J'aime à croire, Monsieur le Ministre, que, comme moi, vous êtes convaincu de l'opportunité et des avantages de la conversion. Appelé au ministère, non par une nécessité politique, mais par votre réputation financière, vous trouverez, en exécutant une mesure aussi importante, l'occasion de justifier le choix de la couronne et de répondre à l'attente de la nation.

Cette occasion si belle peut vous échapper. Une réélection se prépare; une nouvelle majorité peut surgir, et mettre le trône dans l'obligation de choisir de nouveaux conseillers. Vous voudrez, avant que ce moment soit arrivé, ou avant que vos goûts vous appellent à la retraite, avoir attaché votre nom à une opération financière d'un si haut intérêt pour la France, et pouvoir vous dire dans votre repos : *Moi seul j'ai valu un milliard à mon pays.*

Permettez-moi de vous rappeler encore en terminant, que l'avenir de la France est dans ses finances, et que vous les tenez en vos mains.

Veuillez agréer, Monsieur le Ministre, l'assurance de mon respect et de ma considération la plus distinguée.

MICHEL GOUDCHAUX.

Strasbourg, le 16 Mars 1834.